아미타경과 아미타 수행법

아미타경과
아미타 수행법

석법성 편역

운주사

역자 서문

광의로 불법을 말한다면 무량한 문이 있지만, 협의로 수행방법을 말한다 해도 중생의 근기에 따라 8만4천 가지의 수행방법이 있다. 염불도 그 수행법 가운데 하나이다. 왜냐하면 전념하여 염불수행을 한다면 바로 깊이 성도聖道에 들어가는 하나의 문門이기 때문이다. 성도란 해탈의 문으로 들어가는 길이니, 서방의 극락국토(Sukhāvatī)에 태어나는 사람도 역시 성도로서 증과를 얻은 것이다. 그것은 염불이 바로 극락왕생과 더불어 성불하는 길이기 때문이다.

아무리 모든 불법을 닦는 수행자라 할지라도 만약 염불의 회향이 없다면 극락왕생을 할 수 없다고 하였다. 극락국토는 아미타부처님(Amitābha 또는 Amitāyus)의 48가지 원력으로부터 이루어진 것이지만, 극락국토란 염불로서 입문入門하고 성불하는 길이기 때문에 해탈문의 지름길인 것이다.

용수보살은 수행방법을 자력自力의 난행도難行道와 타력他力의 이행도易行道로 설하였다. 난행도를 비유하면 육지에서 자신이 걸어서 가는 격이니 행하기 어렵고 힘든 것이고, 이행도는 강에서 배를 타고 저절로 가는 격이니 행하기 쉬운 것이라고 하였다. 성도聖道에 들어가는 방법의 하나로서 이행도의 대표적인 방법이 바로 극락정토문이다.

그러나 이행도가 비록 쉬운 수행방법이라 해도 모든 사람이 모두 똑같은 경지는 아닌 것이다. 예컨대 일체 중생은 모두 평등하지만 평등 속에 차별이 있는 것이다. 이와 마찬가지로 이행도도 동등한 가운데 차별이 있는 것이다. 즉 상근기는 현세에서 염불삼매를 얻고 곧바로 성도문聖道門에 들어가 증득하지만, 우둔한 근기는 극락왕생 후에나 연화대의 연꽃이 활짝 피어 아미타 부처님을 친견하고서 성도문에 들어가 증득하니 이것이 동등한 가운데 차별인 것이다.

그리고 말법시대의 오탁악세에는 오직 염불수행의 정토문淨土門만이 성도에 들어가는 문이라고 말하지만, 아마도 그것은 불법이 다 소멸한 말기의 말법시대일 것이다. 역자는 이 말을 긍정도 부정도 하지 않는다. 왜냐하면 불법은 무유정법이기 때문에 정해진 것이 아니며, 중생의 마음이 어디로 향하느냐에 따라 세상은 바뀌는 것이니, 중생의 마음이 청정하면 바로 국토가 청정한 것이다.

각자 주어진 인과 연이 다르기 때문에 수행의 방법을 선택

하는 것도 각자의 연에 의해 이루어진다. 또한 어떠한 수행방법을 사용하든 일심으로 전념한다면 반드시 증득을 얻을 것이다. 하지만 필자가 이 『아마타경』을 번역, 출간하면서 강조하고자 하는 바는, 염불수행을 이행도라고 우습게 보지 말고 다른 수행법을 행한다 해도 병행해서 전념을 한다면 증득이 빨라 내세만이 아니라 현세에서도 증득을 얻을 것이다라는 점이다. 왜냐하면 오직 일심불란한 마음으로 염불을 함께 하면 그 귀결은 일행삼매, 즉 삼매경에 이르기 때문이다.

그리고 염불수행을 해야 하는 또 하나의 이유는, 수행방법 가운데 어떤 방법은 탐욕을 끊게 하고, 어떤 방법은 성냄을 끊게 하고, 어떤 방법은 어리석음을 끊게 하지만, 염불수행은 죄업을 소멸할 수 있다고 석가모니 부처님께서 말씀하셨기 때문이다.

또한 본서 IV. 아미타 수행법의 1. 매일 불설아미타경 독송법, 2. 아미타불 십념十念 염불법을 일심으로 전수專修한다면 반드시 정토신앙의 신信·원願·행行·증證을 얻을 수 있을 것이다. 이 인연공덕으로 염불수행하는 사람들 모두 염불의 신·원·행·증으로 극락왕생과 성불하기를 기원하는 바이다. 아울러 역주에 있어 부족한 면은 독자 여러분의 지도편달을 바라는 바이며, 그리고 항상 기꺼이 출판을 맡아

주신 도서출판 운주사 사장님께 감사드리는 바이다.

2012년 8월

법(Dharma)의 한강에서

석법성

●차례

역자 서문 — 5

Ⅰ. 우리말 아미타경 — 13

Ⅱ. 불설아미타경 원문 — 29

Ⅲ. 아미타경 역주 — 43

Ⅳ. 아미타 수행법 극락왕생 수행문 — 75
　1. 매일 불설아미타경 독송법 — 81
　2. 아미타불 십념十念 염불법 — 87

헌향진언獻香眞言
  옴 바아라 도비야 흄 (3번)

정구업진언淨口業眞言
  옴 수리수리 마하수리 수수리 사바하 (3번)

정신업진언淨身業眞言
  옴 수다리 수다리 수마리 수마리 사바하 (3번)

정의업진언淨意業眞言
  옴 바즈라 다흐가 혹 (3번)

오방내외안위제신진언五方內外安慰諸神眞言
  나무 사만바 못다남 옴 도로도로 지미 사바하 (3번)

보공양진언普供養眞言
  옴 아아나 삼바바 바즈라혹 (3번)

개경게開經偈

　백천만 겁이 지나도 만나기 어려운

　최상의 깊고 묘한 법을

　지금 제가 듣고 받아 지녔사옵니다.

　원하오니!

　여래의 진실한 뜻을 깨닫게 하소서!

　(無上甚深微妙法 百千萬劫難遭遇

　我今聞見得受持 願解如來眞實義)

개법장진언開法藏眞言

　옴 아라남 아라다 (3번)

나무연지해회불보살南無蓮池海會佛菩薩 (3번)

I. 우리말 아미타경

이와 같이 나는 들었다.

어느 때인가 부처님께서 대비구 대중 1,250인과 함께 사위국의 기수급고독원에 계셨었는데 모두 대아라한들이었다. 많은 사람들에게 알려진 장로 사리불·마하목건련·마하가섭·마하가전연·마하구치라·리바타·주리반타가·난타·아난타·라후라·교범파제·빈두로파라타·가류타이·마하겁빈나·박구라·아누루타 등 이와 같은 모든 대제자들과 더불어 모든 보살마하살로서 문수사리법왕자·아일타보살·건타하제보살·상정진보살 등 이와 같은 모든 대보살들과 그리고 석제항인 등 무량한 모든 천상의 대중들이 함께 하였다.

그때 부처님께서 장로 사리불에게 말씀하셨다. 사바세계인 여기로부터 서쪽으로 십만억의 불국토를 지나면 세계가 있는데 극락이라 한다. 그 국토에 계시는 부처님의 명호는 아미타이시며, 지금 현재에도 설법을 하고 계시느니라.

사리불아! 저 국토를 왜 극락이라 하는가 하면, 저 나라의 중생들은 모든 고통이 없고 다만 모든 즐거움만을 받기 때문에 극락이라 하느니라.

또 사리불아! 극락국토에는 일곱 겹으로 이루어진 난간과 일곱 겹으로 이루어진 그물망과 일곱 겹으로 이루어진 가로수는 모두 네 가지 보배로 이루어져 주변을 둘러싸고 있느니라. 이러한 연유로 저 국토를 극락이라 하느니라.

또 사리불아! 극락국토에는 칠보로 이루어

진 연못에 여덟 가지 공덕을 갖춘 물이 그 속에 가득 차 있느니라. 연못의 바닥은 순전히 금모래로 깔려졌고, 사면의 층층대는 금·은·유리·파리로 합성되었느니라. 연못 위의 상공에 있는 누각도 역시 금·은·유리·파려·차거·붉은 진주·마노로서 그곳을 장엄하게 장식하였느니라. 연못 속의 연꽃은 큰 것이 수레바퀴만한데, 청색 연꽃은 청색 빛을, 황색 연꽃은 황색 빛을, 붉은색 연꽃은 붉은 빛을, 백색 연꽃은 백색 빛을 내며 미묘한 향기로 청결하느니라. 사리불아! 극락국토는 이와 같은 공덕의 장엄을 성취하였느니라.

또 사리불아! 저 국토에서는 항상 천상의 음악이 울리며, 황금으로 된 땅에는 낮과 밤으로 여섯 번의 시간대에 천상의 만다라꽃을 비로 내리니라. 그 국토의 중생들은 항상 아침에 각각 꽃바구니에 온갖 미묘한 꽃들을 가득 담아 다른 국토의 십만억 부처님들께 공양을 올리고, 곧 식사시간에 본국으로 되돌아 와서 밥을 먹고 경행을 하느니라. 사리불아! 극락국토는 이와 같은 공덕의 장엄을 성취하였느니라.

또한 사리불아! 저 국토에는 항상 여러 가지로 기묘한 여러 색깔의 새들로서, 백학·공작·앵무·사리·가릉빈가·공명지조가 있느니라. 이 모든 온갖 새들은 낮과 밤으로 여섯 번의 시간대에 조화롭고 단아한 소리를 내는데, 그 소리가 5근·5력·7보리분·8성도분을 즐겁게 연설하느니라. 이와 같은 법으로 그 국토의 중생들은 이러한 소리를 듣고 나면 모두 염불·염법·염승을 아느니라.

사리불아! 그대는 이 새들이 실제로 죄의 과보로 태어난 것이라고 말하지 말라. 왜 그런가 하면 저 불국토에는 3악도가 없기 때문이니라. 사리불아! 저 불국토에는 삼악도三惡道의 명칭조차도 없거늘, 하물며 실제로 과보의 새들이 있겠느냐! 이 모든 온갖 새들은 모두 아미타 부처님께서 설법의 음성을 펴고자 하여 신통변화로 만든 것이니라.

사리불아! 저 불국토에는 미풍이 불어 움직이면 모든 보배의 가로수와 보배그물에서 미묘한 소리를 내나니, 비유하면 백천 종류의 음악이 동시에 함께 울리는 것과 같아 이러한 소리를 들은 자는 자연히 모두 염불·염법·염승의 마음이 생기니라. 사리불아! 그 불국토는 이와 같은 공덕의 장엄을 성취하였느니라.

사리불아! 그대의 생각은 어떠한가? 저 부처님은 무슨 연유로 호가 아미타인가?

사리불아! 저 부처님의 광명은 무량하여 시

방의 국토를 비춘다 해도 장애가 없는 것이다. 그러한 까닭에 호가 아미타이니라.

또 사리불아! 저 부처님의 수명과 그 백성들의 수명은 무량하고 무변한 아승지겁이기 때문에 아미타라 하느니라. 사리불아! 아미타 부처님께서 성불한 이래로부터 지금에 이르기까지 10겁이 되었느니라. 또 사리불아! 저 부처님께는 무량하고 무변한 성문의 제자가 있는데 모두 아라한들로서 숫자로 세어 알 수 있는 것이 아니니라. 모든 보살 대중도 역시 또 그와 같으니라. 사리불아! 저 불국토는 이와 같은 공덕의 장엄을 성취하였느니라.

또 사리불아! 극락국토의 중생으로 사는 자는 모두 아비발치이니, 그 중에는 일생보처가 있는데 그 숫자가 매우 많아 숫자로 세어 그들을 알 수 있는 것이 아니니라. 다만 무량하고 무변한 아승지겁으로 설할 뿐이니라.

　사리불아! 중생으로서 이 말씀을 들은 자들은 응당 발원을 해야 하고, 저 국토에 태어나기를 원해야 하느니라. 왜 그런가 하면, 이와 같은 모든 보살 아라한들이 한 곳에 모인 곳이기 때문이니라.

　사리불아! 적은 선근의 복덕인연으로는 저 국토에 태어날 수 없느니라. 사리불아! 만약 어떤 선남자·선여인이 아미타 부처님에 대한 말씀을 듣고, 만약 하루이거나 이틀이거나 3일이거나 4일이거나 5일이거나 6일이거나 7일 동안 산란하지 않은 일심으로 명호를 칭념하며 지닌다면, 그 사람의 목숨이 임종을 할 때 아미타 부처님과 모든 성인 대중들이 그 앞에 나타나 계시느니라. 이런 사람은 목숨을 마칠 때 마음이 전도되지 않아 곧 아미타 부처님의 극락국토에 왕생하게 되느니라.

　사리불아! 나는 이러한 이로움을 보았기 때문에 이 말을 설하는 것이다. 만약 어떤 중생이 이런 말씀을 들은 자라면 응당 발원을 해야만 저 국토에 태어나느니라.

　사리불아! 나처럼 지금 아미타 부처님의 불가사의한 공덕의 이로움을 찬탄하는 분으로 사바세계로부터 동쪽으로도 역시 아촉비불·수미상불·대수미불·수미광불·묘음불이 계시니라. 이와 같이 갠지스 강의 모래 수만큼의 모든 부처님께서 각기 그 국토에서 광장설상을 나타내어 3천대천세계를 두루 덮고 진실한 말씀을 설하시니라. "그대들 중생들은 마땅히 이 불가사의한 공덕을 칭찬하고, 일체 모든 부처님께서 호념하시는 경을 믿어야 하느니라."

　사리불아! 사바세계로부터 남쪽의 세계에

도 일월등불·명문광불·대염견불·수미등불·무량정진불이 계시니라. 이와 같이 갠지스강의 모래 수만큼의 모든 부처님께서 각기 그 국토에서 광장설상을 나타내어 3천대천세계를 두루 덮고 진실한 말씀을 하시니라. "그대들 중생들은 마땅히 이 불가사의한 공덕을 칭찬하고, 일체 모든 부처님께서 호념하시는 경을 믿어야 하느니라."

사리불아! 사바세계로부터 서쪽의 세계에도 무량수불·무량상불·무량당불·대광불·대명불·보상불·정광불이 계시니라. 이와 같이 갠지스강의 모래 수만큼의 모든 부처님께서 각기 그 국토에서 광장설상을 나타내어 3천대천세계를 두루 덮고 진실한 말씀을 하시니라. "그대들 중생들은 마땅히 이 불가사의한 공덕을 칭찬하고, 일체 모든 부처님께서 호념하시는 경을 믿어야 하느니라."

　사리불아! 사바세계로부터 북쪽의 세계에도　염견불·최승음불·난저불·일생불·망명불이 계시니라. 이와 같이 갠지스강의 모래 수만큼의 모든 부처님께서 각기 그 국토에서 광장설상을 나타내어 3천대천세계를 두루 덮고 진실한 말씀을 하시니라. "그대들 중생들은 마땅히 이 불가사의한 공덕을 칭찬하고, 일체 모든 부처님께서 호념하시는 경을 믿어야 하느니라."

　사리불아! 사바세계로부터 아래쪽의 세계에도　사자불·명문불·명광불·달마불·법당불·지법불이 계시니라. 이와 같이 갠지스강의 모래 수만큼의 모든 부처님께서 각기 그 국토에서 광장설상을 나타내어 3천대천세계를 두루 덮고 진실한 말씀을 하시니라. "그대들 중생들은 마땅히 이 불가사의한 공덕을 칭찬해야 하고, 일체 모든 부처님께서 호념하시는 경을 믿어야 하느니라."

사리불아! 사바세계로부터 위쪽의 세계에도 범음불·숙왕불·향상불·향광불·대염견불·잡색보화엄신불·사라수왕불·보화덕불·견일체의불·여수미산왕불이 계시니라. 이와 같이 갠지스강의 모래 수만큼의 모든 부처님께서 각기 그 국토에서 광장설상을 나타내어 3천대천세계를 두루 덮고 진실한 말씀을 하시니라. "그대들 중생들은 마땅히 이 불가사의한 공덕을 칭찬하고, 일체 모든 부처님께서 호념하시는 경을 믿어야 하느니라."

사리불아! 그대의 생각은 어떠한가? 무슨 연유로 일체 모든 부처님께서 호념護念하는 경이라고 하는가?

사리불아! 만약 어떤 선남자·선여인이 이 경을 듣고 받아들여 지니는 자와 모든 부처님의 명호를 들은 자라면, 이 모든 선남자·선여인은 모두 일체 모든 부처님께서 호념을 하시니, 모두가 아뇩다라삼먁삼보리에서 불퇴전을 얻게 되니라.

사리불아! 그러한 까닭에 그대들은 모두 마땅히 내 말과 모든 부처님께서 설한 것을 믿고 받아들여야 하느니라.

사리불아! 만약 어떤 사람이 이미 아미타 불국토에 왕생발원을 하였거나 지금 발원을 하거나 미래에 발원하고 아미타 부처님의 국토에 태어나고자 원하는 자라면, 이런 모든 사람들은 모두 아뇩다라삼먁삼보리에서 불퇴전을 얻어 저 불국토에서 이미 태어났거나 지금 태어나거나 미래에 태어날 것이다.

사리불아! 이러한 까닭에 모든 선남자·선여인으로 만약 믿음이 있는 자라면 마땅히 저 불국토에 태어나기를 발원해야 하느니라.

사리불아! 내가 지금 모든 부처님의 불가사의한 공덕을 칭찬하는 것처럼, 저 모든 부처님들께서도 역시 나의 불가사의한 공덕을 칭찬하시면서 "석가모니 부처님께서는 매우 어렵고 드문 일을 할 수 있어서 사바세계의 오탁악세인 겁탁·견탁·번뇌탁·중생탁·명탁 속에서도 아뇩다라삼먁삼보리를 얻을 수 있었으니, 모든 중생들을 위해서 이 일체 세간에서 믿기 어려운 법을 설하시느니라."라고 말씀들 하신다.

사리불아! 마땅히 알라. 내가 오탁악세에서 이 어려운 일을 행하고 아뇩다라삼먁삼보리를 얻어 일체 세간을 위하여 이 믿기 어려운 법을 설하는 것은 매우 어려운 일이니라.

부처님께서 이 경을 설하시고 나자, 사리불과 모든 비구들과 일체 세상의 천상·인간·아수라들이 부처님께서 설한 것을 듣고 기뻐하면서 믿고 받아들이고 예경을 드리고 돌아갔다.

II. 불설아미타경 원문

불설아미타경
佛說阿彌陀經

요진구자삼장구마라집역
姚秦龜茲三藏鳩摩羅什譯

여시아문。
如是我聞

일시 불재사위국 기수급고독원 여대비구
一時 佛在舍衛國 祇樹給孤獨園 與大比丘

승 천이백오십인구 개시대아라한。중소
僧 千二百五十人俱 皆是大阿羅漢 衆所

지식 장로사리불 마하목건련 마하가섭
知識 長老舍利弗 摩訶目乾連 摩訶迦葉

마하가전연 마하구치라 리타다 주리반타
摩訶迦栴延 摩訶拘絺羅 離婆多 周梨槃陀

가 난타 아난타 라후라 교범바제 빈두로
迦 難陀 阿難陀 羅睺羅 憍梵波提 賓頭盧

파라타 가류타이 마하겁빈나 박구라 아
頗羅墮 迦留陀夷 摩訶劫賓那 薄俱羅 阿

누루타 여시등제대제자 병제보살마하살
㝹樓馱 如是等諸大弟子 幷諸菩薩摩訶薩

문수사리법왕자 아일다보살 건타하제보
文殊師利法王子 阿逸多菩薩 乾陀訶提菩

살 상정진보살 여여시등제대보살 급석제
薩 常精進菩薩 與如是等諸大菩薩 及釋提

환인등 무량제천대중구。
桓因等 無量諸天大衆俱

이시 불고장로사리불。종시서방 과십만
爾時 佛告長老舍利弗 從是西方 過十萬

억불토 유세계명왈극락。기토유불 호아
億佛土 有世界名曰極樂 其土有佛 號阿

미타 금현재설법。
彌陀 今現在說法

사리불。 피토하고 명위극락。 기국중생
舍利弗 彼土何故 名爲極樂 其國衆生

무유중고 단수제락 고명극락。
無有衆苦 但受諸樂 故名極樂

우 사리불。극락국토 칠중난순 칠중나망
又 舍利弗 極樂國土 七重欄楯 七重羅網

칠중항수 개시사보 주잡위요。시고피국
七重行樹 皆是四寶 周匝圍繞 是故彼國

명위극락。
名爲極樂

우 사리불。 극락국토유칠보지 팔공덕수
又 舍利弗　極樂國土有七寶池　八功德水

충만기중。 지저순이금사포지 사변계도
充滿其中　池底純以金沙布地　四邊階道

금·은·유리·파려합성。 상유누각 역이금
金 銀 琉璃 頗瓈合成　上有樓閣　亦以金

·은·유리·파려·차거·적주·마노이엄식
銀 琉璃 頗瓈 車璖 赤珠 馬瑙而嚴飾

지。 지중연화 대여거륜 청색청광 황색황
之　池中蓮花　大如車輪　青色青光　黃色黃

광 적색적광 백색백광 미묘향결。 사리
光　赤色赤光　白色白光　微妙香潔　舍利

불。 극락국토성취여시공덕장엄。
弗　極樂國土成就如是功德莊嚴

우 사리불。 피불국토 상작천악 황금위지
又 舍利弗　彼佛國土　常作天樂　黃金爲地

주야육시 우천만다라화。 기토중생 상이
晝夜六時　雨天曼陀羅華　其土衆生　常以

청단 각이의극 성중묘화 공양타방 십만
清旦　各以衣裓　盛衆妙華　供養他方　十萬

억불 즉이식시 환도본국 반사경행。 사리
億佛　即以食時　還到本國　飯食經行　舍利

불。극락국토성취여시공덕장엄。
弗　極樂國土成就如是功德莊嚴

부차　사리불。피국상유종종　기묘잡색지
復次　舍利弗　彼國常有種種　奇妙雜色之

조 백학・공작・앵무・사리・가릉빈가・공
鳥　白鶴　孔雀　鸚鵡　舍利　迦陵頻伽　共

명지조。시제중조 주야육시 출화아음 기
命之鳥　是諸衆鳥　晝夜六時　出和雅音　其

음연창 오근・오력・칠보리분・팔성도분。
音演暢　五根　五力　七菩提分　八聖道分

여시등법 기토중생 문시음이 개실염불・
如是等法　其土衆生　聞是音已　皆悉念佛

염법・염승。
念法　念僧

사리불。여물위차조 실시죄보소생。소이
舍利弗　汝勿謂此鳥　實是罪報所生　所以

자하 피불국토 무삼악취。사리불 기불국
者何　彼佛國土　無三惡趣　舍利弗　其佛國

토　상무삼악도지명　하황유실。시제중조
土　尙無三惡道之名　何況有實　是諸衆鳥

개시아미타불 욕령법음선류 변화소작。
皆是阿彌陀佛　欲令法音宣流　變化所作

사리불。 피불국토 미풍취동 제보항수 급
舍利弗　彼佛國土　微風吹動　諸寶行樹　及

보라망 출미묘음 비여백천종악 동시구작
寶羅網　出微妙音　譬如百千種樂　同時俱作

문시음자 자연개생 염불・염법・염승지
聞是音者　自然皆生　念佛　念法　念僧之

심。 사리불。 기불국토성취여시공덕장엄。
心　舍利弗　其佛國土成就如是功德莊嚴

사리불。 어여의운하。 피불하고 호아미타。
舍利弗　於汝意云何　彼佛何故　號阿彌陀

사리불。 피불광명무량 조시방국 무소장
舍利弗　彼佛光明無量　照十方國　無所障

애。 시고 호위아미타。
礙　是故　號爲阿彌陀

우 사리불。 피불수명 급기인민 무량무변
又　舍利弗　彼佛壽命　及其人民　無量無邊

아승지겁 고명아미타。 사리불。 아미타불
阿僧祇劫　故名阿彌陀　舍利弗　阿彌陀佛

성불이래 어금십겁。 우 사리불。 피불유
成佛已來　於今十劫　又　舍利弗　彼佛有

무량무변 성문제자 개아라한 비시산수지
無量無邊　聲聞弟子　皆阿羅漢　非是算數之

소능지。 제보살중역부여시。 사리불。 피
所能知　諸菩薩衆亦復如是　舍利弗　彼

불국토성취여시공덕장엄。
佛國土成就如是功德莊嚴

우 사리불。 극락국토 중생생자 개시아비
又　舍利弗　極樂國土　衆生生者　皆是阿鞞

발치 기중다유 일생보처 기수심다 비시
跋致　其中多有　一生補處　其數甚多　非是

산수소능지지。 단가이 무량무변 아승지설。
算數所能知之　但可以　無量無邊　阿僧祇說

사리불。 중생문자 응당발원 원생피국。
舍利弗　衆生聞者　應當發願　願生彼國

소이자하 득여여시 제상선인 구회일처。
所以者何　得與如是　諸上善人　俱會一處

사리불。 불가이 소선근 복덕인연 득생피
舍利弗　不可以　少善根　福德因緣　得生彼

국。 사리불。 약유선남자·선여인 문설아
國　舍利弗　若有善男子　善女人　聞說阿

미타불 집지명호 약일일·약이일·약삼일
彌陀佛　執持名號　若一日　若二日　若三日

·약사일·약오일·약육일·약칠일 일심불
若四日　若五日　若六日　若七日　一心不

란 기인임명종시 아미타불 여제성중 현
亂 其人臨命終時 阿彌陀佛 與諸聖衆 現

재기전。 시인종시 심부전도 즉득왕생 아
在其前 是人終時 心不顚倒 卽得往生 阿

미타불 극락국토。
彌陀佛 極樂國土

사리불。 아견시리 고설차언。 약유중생
舍利弗 我見是利 故說此言 若有衆生

문시설자 응당발원 생피국토。
聞是說者 應當發願 生彼國土

사리불。 여아금자 찬탄아미타불 불가사
舍利弗 如我今者 讚歎阿彌陀佛 不可思

의공덕지리 동방역유 아촉비불 수미상불
議功德之利 東方亦有 阿閦鞞佛 須彌相佛

대수미불 수미광불 묘음불。 여시등 항하
大須彌佛 須彌光佛 妙音佛 如是等 恒河

사수 제불 각어기국 출광장설상 변부삼
沙數 諸佛 各於其國 出廣長舌相 徧覆三

천대천세계 설성실언。 여등중생 당신시
千大千世界 說誠實言 汝等衆生 當信是

칭찬불가사의공덕 일체제불소호념경。
稱讚不可思議功德 一切諸佛所護念經

사리불。 남방세계유일월등불 명문광불
舍利弗   南方世界有日月燈佛   名聞光佛

대염견불 수미등불 무량정진불。여시등
大焰肩佛 須彌燈佛 無量精進佛 如是等

항하사수 제불 각어기국 출광장설상 변
恒河沙數 諸佛 各於其國 出廣長舌相 徧

부삼천대천세계 설성실언。여등중생 당신
覆三千大千世界 說誠實言 汝等衆生 當信

시칭찬불가사의공덕 일체제불소호념경。
是稱讚不可思議功德 一切諸佛所護念經

사리불。 서방세계유무량수불 무량상불
舍利弗   西方世界有無量壽佛   無量相佛

무량당불 대광불 대명불 보상불 정광
無量幢佛 大光佛 大明佛 寶相佛 淨光

불。여시등 항하사수 제불 각어기국 출
佛 如是等 恒河沙數 諸佛 各於其國 出

광장설상 변부삼천대천세계 설성실언。
廣長舌相 徧覆三千大千世界 說誠實言

여등중생 당신시칭찬불가사의공덕 일체
汝等衆生 當信是稱讚不可思議功德 一切

제불소호념경。
諸佛所護念經

사리불。 북방세계유염견불 최승음불 난
舍利弗 北方世界有焰肩佛 最勝音佛 難

저불 일생불 망명불。 여시등 항하사수
沮佛 日生佛 網明佛 如是等 恒河沙數

제불 각어기국 출광장설상 변부삼천대천
諸佛 各於其國 出廣長舌相 徧覆三千大千

세계 설성실언。 여등중생 당신시칭찬불
世界 說誠實言 汝等衆生 當信是稱讚不

가사의공덕 일체제불소호념경。
可思議功德 一切諸佛所護念經

사리불。 하방세계유사자불 명문불 명광
舍利弗 下方世界有師子佛 名聞佛 名光

불 달마불 법당불 지법불。 여시등 항하
佛 達摩佛 法幢佛 持法佛 如是等 恒河

사수 제불 각어기국 출광장설상 변부삼
沙數 諸佛 各於其國 出廣長舌相 徧覆三

천대천세계 설성실언。 여등중생 당신시
千大千世界 說誠實言 汝等衆生 當信是

칭찬불가사의공덕 일체제불소호념경。
稱讚不可思議功德 一切諸佛所護念經

사리불。 상방세계유범음불 숙왕불 향상
舍利弗 上方世界有梵音佛 宿王佛 香上

불 향광불 대염견불 잡색보화엄신불 사
佛　香光佛　大焰肩佛　雜色寶華嚴身佛　娑

라수왕불 보화덕불 견일체의불 여수미산
羅樹王佛　寶華德佛　見一切義佛　如須彌山

불。여시등 항하사수 제불 각어기국 출
佛　如是等　恒河沙數　諸佛　各於其國　出

광장설상 변부삼천대천세계 설성실언。
廣長舌相　徧覆三千大千世界　說誠實言

여등중생 당신시칭찬불가사의공덕 일체
汝等衆生　當信是稱讚不可思議功德　一切

제불소호념경。
諸佛所護念經

사리불。어여의운하。 하고명위일체제불
舍利弗　於汝意云何　何故名爲一切諸佛

소호념경。
所護念經

사리불。약유선남자·선녀인 문시경수지
舍利弗　若有善男子　善女人　聞是經受持

자 급문제불명자 시제선남자·선여인 개
者　及聞諸佛名者　是諸善男子　善女人　皆

위일체제불지소호념 개득불퇴전어아뇩다
爲一切諸佛之所護念　皆得不退轉於阿耨多

라삼먁삼보리。 시고 사리불。 여등개당신
羅三藐三菩提 是故 舍利弗 汝等皆當信

수아어급제불소설。
受我語及諸佛所說

사리불。 약유인 이발원 금발원 당발원
舍利弗 若有人 已發願 今發願 當發願

욕생아미타불국자 시제인등 개득불퇴전
欲生阿彌陀佛國者 是諸人等 皆得不退轉

어아뇩다라삼먁삼보리 어피국토 약이생
於阿耨多羅三藐三菩提 於彼國土 若已生

약금생 약당생。
若今生 若當生

시고 사리불。 제선남자·선여인 약유신
是故 舍利弗 諸善男子 善女人 若有信

자 응당발원 생피국토。
者 應當發願 生彼國土

사리불。 여아금자 칭찬제불 불가사의공
舍利弗 如我今者 稱讚諸佛 不可思議功

덕 피제불등 역칭찬아 불가사의공덕 이
德 彼諸佛等 亦稱讚我 不可思議功德 而

작시언 석가모니불능위심난희유지사 능
作是言 釋迦牟尼佛能爲甚難希有之事 能

어사바국토 오탁악세 겁탁·견탁·번뇌탁
於娑婆國土 五濁惡世 劫濁 見濁 煩惱濁

·중생탁·명탁중 득아뇩다라삼먁삼보리
衆生濁 命濁中 得阿耨多羅三藐三菩提

위제중생 설시일체세간 난신지법。
爲諸衆生 說是一切世間 難信之法

사리불。당지아어오탁악세 행차난사 득
舍利弗 當知我於五濁惡世 行此難事 得

아뇩다라삼먁삼보리 위일체세간 설차난
阿耨多羅三藐三菩提 爲一切世間 說此難

신지법 시위심난。
信之法 是爲甚難

불설차경이 사리불 급제비구 일체세간천
佛說此經已 舍利弗 及諸比丘 一切世間天

·인·아수라등 문불소설 환희신수 작례
人 阿修羅等 聞佛所說 歡喜信受 作禮

이거。
而去

— 終 —

III. 아미타경 역주

해제 解題

『불설아미타경佛說阿彌陀經』은 정토신앙의 중요한 경전 중 하나이다. 처음 편찬된 것은 북인도에서 아마타불 신앙이 성행盛行하던 1세기 이후로, 『불설아미타경』과 『대무량수경』의 성립 시기는 대략 서기 140년경이라고 한다.

지금 우리가 접하는 『불설아미타경』 1권은 현재 신수대장경 제12책에 수록되어 있다. 일명 『미타경彌陀經』 또는 『소아미타경小阿彌陀經』이라고도 한다. 현존 『아미타경』은 구마라집 삼장법사가 중국에 온 지 얼마 되지 않은 요진姚秦 홍시弘始 4년(402년)에 번역한 것이다.

『아미타경』의 범어 명칭은 Aparimitayus-sūtra와 Sukhāvtyamṛta-vyūha로 두 종류가 있다. 전자는 대아미타경이라 하고, 후자는 소무량수경·극락국토장엄·일체 모든 부처님이 호념하는 경이라고 한다. 후자가 바로 우리가 독송하는 『불설아미타경』이다.

본 『아미타경』의 한역漢譯 고역본古譯本으로 라집 삼장 이외에도 유송劉送 효무제孝武帝의 효건초년孝建初年(454~456)에 구나발타라求那跋陀羅가 번역한 『불설소무량수경佛說小無量壽經』과 신역본新譯本으로 당唐나라 고종의 영휘원년永徽元年(650년)에 현장玄奘이 번역한 『칭찬정토불섭수경稱讚淨土佛攝受經』이 있다. 구나발타라의 역본은 이미 산실되어 단지 주문呪文과 이익문利益文만 있고, 라집 삼장과 현장의 역본이 현존하고 있는데, 주로 라집 삼장의 역본이 널리 유통되고 있다. 또한 한역본 이외에도 범어본과 티베트본(8세기 말엽에 역경)이 있다.

라집 역본은 간결하면서도 유려한 필치로 예로부터 가장 많은 사람들이 독송해 왔다. 한편 인도 전법승들에 의해 중국에 정토사상에 관한 경전들이 전래된 이래로 중국 정토종에서는 주로 『무량수경』과 『관무량수경』이 주요경전으로 사용되었는데, 당나라 때 선도善導 스님이 『불설아미타경』을 그들과 동격으로 올려놓은 것도 널리 유통되게 된 배경이라고 하겠다. 선도 스님 역시 『관무량수불경』을 중요하게 생각하여 『관무량수불경소』에서 일심으로 『관무량수불경』(일명 관경觀經)·『아미타경』·『무량수경』 등을 전념하여 독송하기를 역설하면서도 간결한 『아미타경』의 독송을

더 강조하여 성행시켰기 때문이다.

　우리나라의 경우 원측 스님(613~696)이 『아미타경소』를 지었고, 원효 스님(617~686년)은 화엄학의 대가였지만 또한 정토신앙을 아울러 신봉하여 『아미타경소』와 『무량수경종요』를 지었으며, 경흥璟興 스님(682~692년)은 법상종의 학자였지만 『아미타경약기』와 『관무량수경』을 지었고, 대현大賢(또는 태현太賢) 스님(경덕왕 때(742~764년)의 고승)은 유식학에 뛰어난 대가였지만 『칭찬정토경고적기稱讚淨土經古迹記』, 『아미타경고적기』, 『관무량수경고적기』, 『대무량수경고적기』를 지었다. 이처럼 많은 고승들이 정토아미타사상을 대중들에게 알리는 데 앞장섰던 것이다.
　정토종에서 정토삼부경은 『불설아마타경』·『무량수경』·『관무량수불경』이고, 정토오부경은 『불설아미타경』·『관무량수불경』·『불설대아미타경』·『대불정수능엄경·대세지보살염불원통장』·『대방광불화엄경·보현보살행원품』인데, 이중에서도 『불설아미타경』을 가장 많이 독송하고 있다.

　『불설아미타경』의 전반적인 내용의 구성 요지를 분과分科

로 살펴보면, 우선 서분(序分; 서론 부분)에 있어서 세분화여 두 부분으로 나누었다. 첫째는 통서通序의 부분으로 믿음을 증명하는 서분이니, 아난이 "이와 같이 나는 들었다."라고 시작한 부분이다. 둘째 발기서분發起序分으로 석가모니 부처님께서 사위성의 남쪽에 위치한 기원정사에서 장로 사리불 등 16명의 대제자들과 문수사리보살 등 대보살들과 제석천 등의 청중들에게 설한 인연의 내용이다.

다음은 정정분正定分, 즉 본론 부분의 시작으로 먼저 사바세계인 여기에서부터 서쪽 방향으로 십만억 불국토를 지나면 극락국토가 있고, 그 극락국토에 칠보로 된 누각과 금모래로 깔아진 칠보로 된 연못과 가로수와 여러 색깔의 연꽃들이 빛을 내고 있고 화현의 새들이 제법실상을 설한다.

그 다음은 극락국토의 교주이신 아미타부처님(Amita-buddha)은 무량수(Amitābha)와 무량광(amtāyus)을 구족한 위덕威德의 상相이라고 설한다.

그 다음으로 극락국토에 왕생하고자 염불수행을 하는 자는 아비발치를 얻을 수 있으니, 왕생발원하기를 권하고 있다. 단 왕생을 할 수 있는 자는 범부의 잡스러운 적은 선근 공덕으로는 왕생발원을 할 수 없다고 묘사하고 있다. 그러나 아미타 부처님 전생의 48가지 서원에 의해, 칭념염불을 하루든 이틀이든 삼일이든…… 칠일이든 아무리 짧은 시일이라 해도 산란하지 않은 일심·일념으로 하거나, 염불을 끊지 않고 지속적으로 하는 자는 임종을 할 때 아미타 부처님과 그 권속이신 관음과 대세지 양대 보살님을 포함한 25위의 모든 청정한 불보살님들이 함께 인도하여 서방극락국토에 왕생한다고 한다.

한편 염불로 과연 극락왕생을 할 수 있을까?라고 의심하는 자를 아시고는 석가모니 부처님께서 바로 "나는 이런 이로움을 보았다. 그렇기 때문에 이 말을 설하는 것이다."라고 염불왕생이 사실임을 설명하시면서, 동·서·남·북·상·하 여섯 방위에 계시는 모든 부처님들도 광장설상廣長舌相으로 아미타 부처님의 불가사의한 공덕을 찬탄하신다면서 믿도록 권한다. 또한 가르침대로 칭념염불을 하는 자는 모든 부처님께서 현세에만 호념하시는 것이 아니라 내세에도 극락왕생의 이로움을 얻는다고 권하신다.

그 다음은 모든 부처님들께서 석가모니 부처님께서 이 염불로 극락왕생을 하는 믿기 어려운 일을 설하시는 것을 찬탄하신다고 설하신다. 또한 석가모니 부처님 스스로도 아난에게 "이 가르침은 매우 어려운 일인 줄 알아야 한다."라고 말씀하신다.

마지막 유통분流通分, 즉 결론 부분에서 이 경을 들은 모든 제자들 및 천인·아수라들이 믿고 받들어 지니고 환희심으로 돌아가 잘 유통하도록 하는 부분이다.

이상 살펴본 경의 내용 중 본론은 모두 석가모니 부처님 스스로 설명을 하고 계신다. 원래 부처님은 청법을 하고자 질문하는 자가 있어야만 설명을 하시는데, 본 경에서는 부처님 스스로 질문을 던지면서 답을 하신다. 부처님께서 설법하신 서술의 형식이나 내용의 구성을 12종류로 나누어 12부경이라고 하는데, 이 12부경 가운데 본 경은 바로 자설경(自說經, udāna; 질문하는 자가 없이 부처님 스스로 설법하는 내용을 담은 경)에 속하며, 이 점이 본경의 특색이기도 하다.

본경의 목적은 중생들을 극락국토에 왕생하게 하는 것으로, 극락국토 왕생의 의미는 곧 증오證悟이다. 왜냐하면 극락국토는 부처님의 깨달음의 세계로부터 현현한 국토로서 극락국토 왕생이란 보리도의 완성이기 때문이다.

그렇다면 어떻게 해야 극락국토에 왕생할 것인가?

출가수행자든 재가수행자든 상관없이 설령 수행방법이 다르다 해도 칭념염불만 한다면 불사佛事는 성취될 것이다. 왜냐하면 음성으로서 불사를 하기 때문이다. 즉 아미타불을 칭하는 순간 그 음音으로 아미타불과 일체一體가 된 경계境界이기 때문에 한번 칭념이든 십념이든 일심분란의 마음으로 칭념하여 아미타(Amita)와 내가 합일合一이 된다면 극락왕생을 할 수 있는 것이다.

서론[序分]

1. 증신서분證信序分

이와 같이 나는 들었다.

2. 발기서분發起序分

어느 때인가 부처님께서 대비구 대중 1,250인[1]과 함께 사위국[2]의 기수급고독원[3]에 계셨었는데 모두 대아라한[4]들이었

---

1 1,250인人: 석가모니부처님께서 법회를 하시면 항상 따르던 출가대중의 기본 숫자이다. 야사耶舍 장자長者의 아들과 친구들 50인, 가섭 삼형제인 우루빌라가섭과 그 제자 500인, 가야가섭과 그 제자 250인, 나제가섭과 그 제자 250인, 사리불과 그 제자 100인, 목건련과 그 제자가 100인 등, 모두가 부처님께 귀의하여 제자가 되었으니, 모두 합쳐 1,250인이다.

2 **사위국舍衛國**: 고대 중인도의 나라 이름이다. 범어 Śrāvastī의 음역이며, 의미는 풍덕다유(豊德多有; 풍요롭고 덕스러움이 많음)·무물불유(無物不有; 사물이 없는 게 없음) 등으로, 이 지역에서 명인과 명산물이 많이 나왔기 때문이라고 한다. 본래는 북코살라국(Uttara-Kośalā) 도성의

다. 많은 사람들에게 알려진 장로 사리불[5]·마하목건련[6]·마하가섭[7]·마하가전연[8]·마하구치라[9]·리바타[10]·주리반타가[11]

    명칭인데 남코살라국과 구별하고자 국명을 도성의 명칭으로 대신 썼다고 한다.

3 **기수급고독원**祇樹給孤獨園: 부처님 당시 중인도 코살라국의 사위성의 남쪽에 있던 사원이다. 기원정사 또는 기항정사라고도 한다. 기수祇樹는 기타태자祇陀太子가 자신의 수림樹林에 있던 나무를 보시하여 붙여진 것이고, 급고독원給孤獨園은 사위성의 수달(須達, Sudatta) 장자가 기타태자의 수림을 사서 정사精舍를 지어 두 사람이 함께 부처님께 공양을 올린 데서 유래된 이름이다.

4 **아라한**阿羅漢: 범어 arhat의 주격 arhan의 음역으로, 의미는 응공(應供; 삼계의 모든 번뇌를 끊어 천인의 공양을 받을 만한 사람) 또는 불생不生·무생無生이며, 약칭으로 나한羅漢이라고도 한다. 부처님의 열 가지 명호 가운데 하나로, 예배와 공경을 받을 가치가 있는 사람 또는 수행이 원만하여 공양을 받을 만한 사람, 깨달은 사람이나 성자聖者를 일컫는다. 특히 소승불교에서 아라한은 최고의 성자로서 성문의 4과四果 중 하나이기도 하다.

5 **사리불**舍利弗: 범어 Sariputra의 음역으로, 의미는 사리자舍利子이다. 어머니의 이름을 딴 이름으로 사리의 아들이라는 뜻이다. 부처님의 10대제자 중 지혜 제일이며, 부처님의 아들 라후라 존자의 스승이기도 하다.

6 **마하목건련**摩訶目犍蓮: 범어 Mahā-maudgalgagana의 음역이며, 다른 이름으로는 Kolita라고 하는데, 뜻은 천포天抱이다. 부처님의 10대제자 중 신통제일이다.

· 난타[12] · 아난타[13] · 라후라[14] · 교범파제[15] · 빈두로파라타[16] · 가

---

7 **마하가섭**摩訶迦葉: 범어 Mahā-kāśyapa의 음역으로, 의미는 음광飮光이다. 부처님의 10대제자 중 두타행 제일이다. 부처님께서 성도하신 후 3년째 되는 해에 부처님께 귀의·출가하였고, 출가한 지 8일 만에 아라한의 경지에 이르렀다.

8 **마하가전연**摩訶迦旃延: 범어 Mahā-kātyāyana의 음역으로, 의미는 큰 가위로 머리를 자른 남자이다. 부처님의 10대제자 중 논의 제일이다. 원래 아사타선인의 제자인데, 이 선인의 권고를 받아들여 부처님께 귀의·출가하였고, 출가한 후 부처님의 설법의 취지를 잘 알아 항상 칭찬을 받았다고 한다.

9 **마하구치라**摩訶俱絺羅: 범어 Mahā-kauṣṭhila의 음역으로, 의미는 큰 무릎이다. 부처님의 10대제자 중 한 사람으로 변재辯才에 능통하였다. 사리불의 삼촌으로 출가 전에는 사람들이 장조(長爪; 긴 손톱)범지라고 불렀다.

10 **리바타**離婆多: ①범어 Revata의 음역이다. 부모님이 리바타별에 치성을 드리고 나서 그를 낳았으므로 이름을 리바타로 지었다고 한다. 부처님 16대제자 중 한 사람으로 사리불 존자의 제자이다. 그는 항상 좌선으로 선정에 들어 마음이 고요하고 적정하였다고 한다. ②아난阿難 존자의 제자로 율법에 정통하였다.

11 **주리반타가**周利槃陀伽: 범어 Cūḍapanthaka의 음역으로, 의미는 길에서 태어났음이다. 그의 형 마하반타Mahā-panthaka와 함께 부처님께 귀의 출가하였는데, 형은 총명한데 그는 우둔하여 사람들이 우둔한 비구라고 하였다. 출가한 후 불법을 배웠지만 암송을 하면 바로 잊어버렸다. 부처님은 그에게 "먼지를 쓸어 더러움을 없앤다."라는 말을 암송하면서 매일 청소를 하게 하셨다. 매일 이 말을 암송하면서 청소를

류타이[17]·마하겁빈나[18]·박구라[19]·아누루타[20] 등 이와 같은 모

하였는데 어느 날 홀연히 깨달음을 얻고 아라한이 되었다. 부처님의 16대제자 중 한 사람이다. 아라한이 된 후 신통을 얻어 당시의 육군비구六群比丘들에게 신통력으로 설법을 하였다고 한다.

12 난타難陀: 범어 Nanda의 음역으로, 의미는 환희·가락嘉樂이다. 또한 손타리 난타라고도 하며, 부처님 이모의 아들이기도 하다. 부처님의 16대제자 중 한 사람으로, 모든 감각기관을 조복하는 데 제일이었다.

13 아난타阿難陀: 범어 Ānanda의 음역으로, 의미는 환희·경희慶喜·무염無染이다. 부처님 10대 제자 중 다문제일多聞第一이다. 난타의 사촌이기도 하며, 부처님께 귀의·출가한 후 부처님을 20여 년간 시봉하면서 부처님의 설법을 가장 많이 듣고 암송하여 다문제일이 되었다.

14 라후라羅睺羅: 범어 Rāhula의 음역으로, 의미는 장애에 덮임이다. 부처님 출가 전의 아들이면서 부처님 10대 제자 중 밀행제일이다.

15 교범파제憍梵波堤: 범어 Gavāṃpati의 음역으로, 의미는 우적牛跡·우왕牛王·우상牛相이다. 과거생에 벼를 한 줄기 잘라 낟알들이 땅에 떨어져 그 과보로 500생 동안 소의 몸을 받았다고 한다. 그래서 소의 습성이 남아 있어 되새김을 하여 우상비구牛相比丘라고 불렀다. 부처님의 16대제자 중 한 사람으로, 사리불의 제자이며 아라한이다.

16 빈두로파라타賓頭盧頗羅墮: 범어 piṇḍola-bhāradvāja의 음역으로, 의미는 이근利根이다. 부처님의 16대제자 중 한 사람이다. 소년시절에 출가하여 아라한과와 신통을 얻고 사람들에게 신통을 나타내자 부처님께서 꾸중하시면서 열반에 들지 말라고 명하여, 남천南天의 마리산摩梨山에서 중생제도를 하면서 영원히 세상에 머무른다고 한다.

17 가류타이迦留陀夷: 범어 Kālodāyin의 음역으로, 매우 검은 것을 뜻한다.

든 대제자들과 더불어 모든 보살마하살로서 문수사리법왕자·아일타[21]보살·건타하제[22]보살·상정진[23]보살 등 이와 같

그의 몸이 매우 검어서 주로 밤에 걸식을 나갔는데, 어느 날 밤 걸식하는 중 번개가 번쩍이자 임산부가 그를 보고 귀신인 줄 알고 놀라 유산이 되었다고 한다. 부처님께서 그 일을 아시고는 오후불식계午後不食戒를 제정하셨다. 부처님 제자 중 악행을 많이 한 육군비구六群比丘 중 한 사람이었지만, 후에 참회생활을 하면서 아라한과를 증득하였으며, 부처님의 16대제자 중 한 사람이 되었다.

18 마하겁빈나摩訶劫賓那: 범어 Mahā-kalpina의 음역으로, 의미는 황색黃色이다. 부처님 당시 인도 금지국金地國의 겁빈령왕劫賓寧王의 아들이기도 하다. 부처님의 16대제자 중 한 사람으로 아라한이며, 천문지리학에 정통하여 승단에서 제일이었다.

19 박구라薄拘羅: 범어 Vakkula의 음역으로, 의미는 선용(善容; 선한 용모)이다. 어릴 때 계모가 다섯 번이나 죽이려고 했지만 모두 살아났다고 한다. 출가 후 대중을 벗어나 독처獨處에서 수행하면서 소욕지족(小欲知足; 욕망이 적고 만족할 줄 앎)을 하였으며 아라한과를 증득하였고, 평생 병이 없었으며 세수 160살을 살았다고 한다. 부처님의 16대제자 중 한 사람으로 장수제일이다.

20 아누루타阿㝹樓馱: 범어 Aniruddha의 음역으로, 의미는 무멸無滅·여의如意·무장無障·무탐無貪이다. 부처님의 사촌 동생이기도 하다. 그는 부처님이 설법하시는 도중에 항상 졸아서 꾸중을 듣자 잠자지 않고 수행하겠다고 서원을 하고는 불철주야로 정진수행을 하다 실명하였지만, 심안心眼이 열려 부처님 10대제자 중 천안제일이 되었다.

21 아일타阿逸多: 범어 Ajita의 음역으로, 의미는 무능승無能勝·무승無勝이

은 모든 대보살들과 그리고 석제항인[24] 등 무량한 모든 천상의 대중들이 함께 하였다.

며, 일명 미륵이라고도 한다. 앞으로 50억 70만 년 후에 출현할 미륵과 혼돈하기도 하는데, 이 아일타보살은 부처님 당시 부처님으로부터 교화를 받은 제자이다.

22 간타하제乾陀訶提: 범어 Gandha-hastin의 음역으로, 의미는 상혜象惠이며, 향상보살香象菩薩이라고도 한다.

23 상정진常精進: 범어 Aniksiptadhura의 의역으로, 의미는 불사액不捨軛이며, 정진을 버리는 않는다는 뜻이다. 그래서 상정진보살 또는 불휴식보살不休息菩薩이라고도 한다.

24 석제항인釋提桓因: 범어 Śakro-devānāṃ-indraḥ의 음역으로, 의미는 신들의 제왕帝王이다. 또한 교시가憍尸迦·제석천·천제석 등 명칭이 많다. 원래는 인도의 베다신화에 나오는 인드라신인데 불교에 들어온 이후 불교를 호법하는 천주로서 도리천, 즉 33천의 천주이다.

본론[正定分]

3. 극락국토의 의보장엄依報莊嚴과 정보장엄正報莊嚴에 대한 표방

그때 부처님께서 장로 사리불에게 말씀하셨다.

(사바세계인) 여기로부터 서쪽으로 십만억의 불국토(부처님께서 살고 계시는 국토)를 지나면 세계가 있는데 극락(sukhāvatī)이라 한다. 그 국토에 계시는 부처님의 명호는 아미타[25]이시며, 지금 현재에도 설법을 하고 계시느니라.

4. 극락국토의 의보장엄 설명

사리불아! 저 국토를 왜 극락이라 하는가 하면, 저 나라의

---

25 **아미타阿彌陀**: 범어 Amita의 음역으로, 의미는 무량광Amitābha이고, 다른 범어명은 Amitāyus로 무량수이다. 이 두 의미를 함축하고 있어서 아미타는 무량한 광명과 무량한 수명을 구족하고 극락국토의 교주인 부처님이시다.

중생들은 모든 고통이 없고 다만 모든 즐거움만을 받기 때문에 극락이라 하느니라.

또 사리불아! 극락국토에는 일곱 겹으로 이루어진 난간과 일곱 겹으로 이루어진 그물망과 일곱 겹으로 이루어진 가로수는 모두 네 가지 보배로 이루어져 주변을 둘러싸고 있느니라. 이러한 연유로 저 국토를 극락이라 하느니라.

또 사리불아! 극락국토에는 칠보로 이루어진 연못에 여덟 가지 공덕을 갖춘 물[八功德水][26]이 그 속에 가득 차 있느니라. 연못의 바닥은 순전히 금모래로 깔려졌고, 사면의 층층대는 금·은·유리·파리로 합성되었느니라. (연못) 위의 상공에 있는 누각도 역시 금·은·유리[27]·파려[28]·차거[29]·붉은 진주·마

---

26 8공덕수八功德水: ①징정澄淨: 맑고 청정하여 오염이 없다. ②청냉淸冷: 물 자체가 맑고 선명하며 시원하다. ③감미甘美: 이 물을 마시면 감미롭다. ④경연輕軟: 가뿐하면서도 유연하다. ⑤윤택潤澤: 윤택하여 빛이 난다. ⑥안화安和: 몸과 마음이 안온하고 화평하고 병환이 없다. ⑦제기갈除饑渴: 굶주림과 갈증을 없앤다. ⑧장양제근長養諸根: 모든 감각기관을 잘 다스려 삼매와 변재辯才가 무궁하다.

27 유리琉璃: 범어 vaiḍūrya의 음역으로, 청색의 옥석玉石이라고 한다.

28 파려玻瓈: 범어 sphaṭika의 음역으로, 수정 또는 수옥水玉·백주白珠라고 한다.

29 차거車渠: 범어 musāragalva의 의역으로, 자색보紫色寶·감색보紺色寶라고 한다.

노[30]로서 그곳을 장엄하게 장식하였느니라. 연못 속의 연꽃은 큰 것이 수레바퀴만한데, 청색 연꽃은 청색 빛을, 황색 연꽃은 황색 빛을, 붉은색 연꽃은 붉은 빛을, 백색 연꽃은 백색 빛을 내며 미묘한 향기로 청결하느니라. 사리불아! 극락국토는 이와 같은 공덕의 장엄을 성취하였느니라.

또 사리불아! 저 국토에서는 항상 천상의 음악이 울리며, 황금으로 된 땅에는 낮과 밤으로 여섯 번의 시간대〔六時〕[31]에 천상의 만다라꽃을 비로 내리니라. 그 국토의 중생들은 항상 아침〔清旦〕[32]에 각각 꽃바구니에 온갖 미묘한 꽃들을 가득 담아 다른 국토의 십만억 부처님들께 공양을 올리고, 곧 식사시간에 본국으로 되돌아 와서 밥을 먹고 경행[33]을 하느니라. 사리불아! 극락국토는 이와 같은 공덕의 장엄을 성취하였느니라.

---

30 마노瑪瑙: 범어 aśmagarbha의 의역으로, 적색보赤色寶이다.
31 6시六時: 하루 낮 하루 밤을 여섯 번 나눈 시간, 즉 아침·정오·일몰(해가 짐)·초저녁·늦은 밤·이른 새벽의 시간대를 말한다.
32 청단淸旦: 범어 pūrvāhṇa의 의역으로, 진시辰時를 뜻한다. 즉 지금의 오전 8시경이며, 청단淸旦은 육시六時 가운데 하나이다.
33 경행經行: 조용히 왔다 갔다 반복하여 돌면서 하는 보행을 일컫는다. 이는 좌선할 때에 생기는 졸음을 막기 위해서 하거나 또는 혈액순환을 도와 몸과 병을 다스리기 위해서 한다.

또한 사리불아! 저 국토에는 항상 여러 가지로 기묘한 여러 색깔의 새들로서, 백학·공작·앵무·사리[34]·가릉빈가[35]·공명지조[36]가 있느니라. 이 모든 온갖 새들은 낮과 밤으로 여섯 번의 시간대에 조화롭고 단아한 소리를 내는데, 그 소리가 5근[37]·5력[38]·7보리분[39]·8성도분[40]을 즐겁게 연설하느

---

34 사리舍利: 범어 śāri의 음역으로, 의미는 백설조百舌鳥이다. 이 새는 구관조의 일종으로 전신은 흑색이고 목 부분은 미황색이며, 사람의 말을 할 줄 안다.

35 가릉빈가迦陵頻伽: 범어 kalaviṅka의 음역으로, 의미는 호성조好聲鳥·묘성조妙聲鳥 미음조美音鳥 등이다. 히말라야산에 사는 새로 미묘한 소리를 내어 묘성조라고 한다. 또한 극락국토에 있는 새라고도 한다.

36 공명지조共命之鳥: 범어 jīvaṃ-jīvaka의 의역으로, 수컷의 종류로 한 몸에 두 머리를 갖고 있어서 공명지조共命之鳥 또는 명명조命命鳥·공명조共命鳥·생생조生生鳥라고 한다. 북인도와 네팔에 이 새의 종류가 있는데, 그 소리가 아름다워서, 『잡보장경』 권3에서는 가릉빈가와 함께 아름다운 소리의 새로 보고 있다.

37 5근五根: 번뇌를 항복하여 성도聖道에 들게 하고 해탈을 하게 하는 다섯 가지 능력으로 37도품 중의 제4과이다. 즉 ①신근信根: 삼보와 4성제四聖諦의 진리 등을 믿는 능력이다. ②정진근: 선법善法을 용맹정진하여 닦는 능력이다. ③염근念根: 정법正法을 억념하는 능력이다. ④정근定根: 마음을 한 경계에 섭심하여 분산하지 않는 능력이다. ⑤혜근: 선정을 닦음으로 인해 지혜가 생겨 여실히 진리를 아는 능력이다.

38 5력五力: 5근을 닦음으로 인해 생기는 다섯 가지 수행 능력이다.

니라. 이와 같은 법으로 그 국토의 중생들은 이러한 소리를 듣고 나면 모두 염불念佛·염법念法·염승念僧을 아느니라.

이는 37도품 중의 제5과이다. ①신력: 삼보에 대한 진실한 믿음이 삿된 미신을 타파한다. ②정진력: 4정근을 닦아 모든 악을 끊어 없앤다. ③염력: 4념처를 닦아 정념正念을 얻는다. ④정력定力: 선정을 닦아 정욕과 번뇌를 끊는다. ⑤혜력: 4제를 관觀하고 깨달아 지혜를 성취하고 해탈을 이룰 수 있다.

39 7보리분七菩提分: 37도품 중의 제6과이며, 약칭으로 7각七覺이라고도 한다. ①염각지念覺支: 마음이 명백하여 항상 선정과 지혜를 염한다. ②택법각지: 지혜에 의해 진법眞法을 선택하고 사법邪法을 버린다. ③정진각지: 정법正法을 부지런히 정진수행하고 나태하지 않는다. ④희각지: 정법正法을 얻고 내심에서 희열이 난다. ⑤경안각지輕安覺支: 몸과 마음이 가볍고 안온한 것이다. ⑥정각지定覺支: 선정에 들어가 마음이 산란하지 않는 것이다. ⑦사각지捨覺支: 마음에 편협함이 없고 집착이 없어 평온을 유지하는 것이다.

40 8성도분八聖道分: 범어 āryāṣṭāṅgikamārga의 의역으로, 37도품 중 가장 대표적인 실천법문이다. 즉 열반을 향한 여덟 가지 해탈의 정확한 방법이다. ①정견正見: 4제의 진리에 대한 정확한 견해이다. ②정사유正思惟: 4제의 진리에 대한 정확한 사상이다. ③정어正語: 망언·양설·악구·기어綺語 등을 버린 정확한 언설이다. ④정업正業: 정확한 행위이다. ⑤정명正命: 올바른 삶의 방향이다. ⑥정정진正精進: 불도수행을 정진하면서 조금도 나태하지 않는 것이다. ⑦정념正念: 삿된 생각을 없애고 정도正道를 억념하는 것이다. ⑧정정正定: 정확한 선정을 하는 것이다.

사리불아!' 그대는 이 새들이 실제로 죄의 과보로 태어난 것이라고 말하지 말라. 왜 그런가 하면 저 불국토에는 3악도(축생·아귀·지옥)가 없기 때문이니라. 사리불아! 저 불국토에는 삼악도三惡道의 명칭조차도 없거늘, 하물며 실제로 (과보의 새들이) 있겠느냐! 이 모든 온갖 새들은 모두 아미타 부처님께서 설법의 음성〔法音〕을 펴고자 하여 신통변화로 만든 것이니라.

　사리불아! 저 불국토에는 미풍이 불어 움직이면 모든 보배의 가로수와 보배그물에서 미묘한 소리를 내나니, 비유하면 백천 종류의 음악이 동시에 함께 울리는 것과 같아 이러한 소리를 들은 자는 자연히 모두 염불·염법·염승의 마음이 생기니라. 사리불아! 그 불국토는 이와 같은 공덕의 장엄을 성취하였느니라.

5. 극락국토의 정보장엄 설명

사리불아! 그대의 생각은 어떠한가? 저 부처님은 무슨 연유로 호號가 아미타인가?

　사리불아! 저 부처님의 광명은 무량하여 시방의 국토를 비춘다 해도 장애가 없는 것이다. 그러한 까닭에 호가 아미타이니라.

또 사리불아! 저 부처님의 수명과 그 백성들의 수명은 무량하고 무변한 아승지(무량수)겁이기 때문에 아미타라 하느니라. 사리불아! 아미타 부처님께서 성불한 이래로부터 지금에 이르기까지 10겁이 되었느니라. 또 사리불아! 저 부처님께는 무량하고 무변한 성문聲聞[41]의 제자가 있는데 모두 아라한들로서 숫자로 세어 알 수 있는 것이 아니니라. 모든 보살 대중도 역시 또 그와 같으니라. 사리불아! 저 불국토는 이와 같은 공덕의 장엄을 성취하였느니라.

6. 염불왕생 발원에 대한 설명

또 사리불아! 극락국토의 중생으로 사는 자는 모두 아비발치[42]이니, 그 중에는 일생보처[43]가 있는데 그 숫자가 매우

---

41 성문聲聞: 범어 śrāvaka의 의역으로, 의미는 제자이다. 2승二乘·3승三乘·5승五乘 중 하나이다. 부처님 가르침의 말씀을 듣고 깨달음을 얻은 출가 제자로 성자聖者이다. 이 성문승들은 부처님의 가르침이나 유교遺敎에 의해 4제의 진리를 관하고 깨닫는데, 이들은 빠르면 3생의 수행을 통해서 늦으면 60겁의 수행을 통해서 아라한을 성취한다. 그러나 단지 자신의 깨달음과 해탈에만 관심이 있고, 중생제도에는 관심이 없다. 바로 소승小乘의 대표적인 성자들이다.

많아 숫자로 세어 그들을 알 수 있는 것이 아니니라. 다만 무량하고 무변한 아승지(무량수)겁으로 설할 뿐이니라.

사리불아! 중생으로서 (이 말씀을) 들은 자들은 응당 발원을 해야 하고, 저 국토에 태어나기를 원해야 하느니라. 왜 그런가 하면, 이와 같은 모든 보살 아라한〔上善人〕들이 한 곳에 모인 곳이기 때문이니라.

사리불아! 적은 선근善根의 복덕인연으로는 저 국토에 태어날 수 없느니라. 사리불아! 만약 어떤 선남자善男子·선여인善女人이 아미타 부처님에 대한 말씀을 듣고, 만약 하루이거나 이틀이거나 3일이거나 4일이거나 5일이거나 6일이거나 7일 동안 산란하지 않은 일심으로 명호를 (칭념稱念하며) 지닌다면, 그 사람의 목숨이 임종을 할 때 아미타 부처님과 모든 성인 대중들〔聖衆〕이 그 앞에 나타나 계시느니라. 이런 사람은 목숨을 마칠 때 마음이 전도되지 않아 곧 아미타

---

42 아비발치阿鞞跋致: 범어 avinivartanīya 또는 avaivarika의 음역으로, 의미는 불퇴전不退轉이다. 이는 보살계위의 명칭으로, 즉 불퇴전의 계위이다. 바꿔 말하면 견도見道에 들어가 무생법인을 얻으면, 즉 2승의 경지에 다시 떨어지지 않고 불퇴전에 들어간 보살계위이다.

43 일생보처一生補處: 범어 eka-jāti-pratibaddha의 의역으로, 의미는 최후의 윤회자이다. 이 한생을 통해 세상에서 성불하도록 정해진 분으로, 즉 보살의 최고 계위인 등각보살이다.

부처님의 극락국토에 왕생하게 되느니라.

7. 자증自證으로 권신勸信

사리불아! 나는 이러한 이로움을 보았기 때문에 이 말을 설하는 것이다. 만약 어떤 중생이 이런 말씀을 들은 자라면 응당 발원을 해야만 저 국토에 태어나느니라.

8. 타증他證으로 권신勸信

사리불아! 나처럼 지금 아미타 부처님의 불가사의한 공덕의 이로움을 찬탄하는 분으로 (사바세계로부터) 동쪽으로도 역시 아촉비불·수미상불·대수미불·수미광불·묘음불이 계시니라. 이와 같이 갠지스 강의 모래 수만큼의 모든 부처님께서 각기 그 국토에서 광장설상[44]을 나타내어 3천대천세계[45]를

---

44 광장설상廣長舌相: 대설상大舌相이라고도 하며, 부처님의 32상 가운데 하나이다. 부처님께서 설법하실 때 3천대천세계를 덮을 정도로 혀가 광대하고 커서 중생들은 매우 놀란다고 한다. 이는 부처님의 설법을 비유한 것으로, 깨달음과 해탈의 일을 걸림 없는 설법으로 연설하는 것을 뜻한다.

두루 덮고 진실한 말씀을 설하시니라. "그대들 중생들은 마땅히 이 불가사의한 공덕을 칭찬하고, 일체 모든 부처님께서 호념[46]하시는 경을 믿어야 하느니라."

사리불아! (사바세계로부터) 남쪽의 세계에도 일월등불・명문광불・대염견불・수미등불・무량정진불이 계시니라. 이와 같이 갠지스강의 모래 수만큼의 모든 부처님께서 각기 그 국토에서 광장설상을 나타내어 3천대천세계를 두루 덮고

---

45 3천대천세계: 일대삼천세계一大三千世界・3천세계라고도 하며, 고대 인도인의 우주관이다. 수미산을 중심으로 주변에 4주四洲와 9산九山 8해八海로 둘러싸여 있고, 이를 하나의 작은 세계一小世界라고 한다. 이 하나의 작은 세계에는 색계의 초선천初禪天에서 대지 아래의 풍륜에 이르기까지 일월・수미산・4천왕・33天・야마천・도솔천・낙변화천・타화자재천・범세천 등으로 하나의 소천세계小天世界를 형성한다. 우주는 이 소천세계가 1,000개 모여 하나의 중천세계中天世界를 형성하고, 이 중천세계가 1,000개 모인 것을 대천세계大千世界라고 한다. 즉 소천세계가 1,000개 모여 하나의 중천세계를 형성하고, 중천세계가 1,000개 모여 하나의 대천세계를 형성하는데, 이 소・중・대의 세 종류의 세계를 다 합쳐 3천대천세계라고 우주를 칭한 것이다. 이른바 3천세계는 10억 개의 소세계를 포함한 천백억 개의 세계로 형성되어 있다. 이는 무한세계로, 우주 전체의 무한한 세계를 상징한 것이다.

46 호념護念: 부처님・불보살님・모든 천상의 성중聖衆들께서 부처님의 참된 불자들이 여러 가지 고난을 당하지 않도록 보호하여 보살펴 주시는 것이다.

진실한 말씀을 하시니라. "그대들 중생들은 마땅히 이 불가사의한 공덕을 칭찬하고, 일체 모든 부처님께서 호념하시는 경을 믿어야 하느니라."

사리불아! (사바세계로부터) 서쪽의 세계에도 무량수불·무량상불·무량당불·대광불·대명불·보상불·정광불이 계시니라. 이와 같이 갠지스강의 모래 수만큼의 모든 부처님께서 각기 그 국토에서 광장설상을 나타내어 3천대천세계를 두루 덮고 진실한 말씀을 하시니라. "그대들 중생들은 마땅히 이 불가사의한 공덕을 칭찬하고, 일체 모든 부처님께서 호념하시는 경을 믿어야 하느니라."

사리불아! (사바세계로부터) 북쪽의 세계에도 염견불·최승음불·난저불·일생불·망명불이 계시니라. 이와 같이 갠지스강의 모래 수만큼의 모든 부처님께서 각기 그 국토에서 광장설상을 나타내어 3천대천세계를 두루 덮고 진실한 말씀을 하시니라. "그대들 중생들은 마땅히 이 불가사의한 공덕을 칭찬하고, 일체 모든 부처님께서 호념하시는 경을 믿어야 하느니라."

사리불아! (사바세계로부터) 아래쪽의 세계에도 사자불·명문불·명광불·달마불·법당불·지법불이 계시니라. 이와 같이 갠지스강의 모래 수만큼의 모든 부처님께서 각기 그 국토에서 광장설상을 나타내어 3천대천세계를 두루 덮고 진실한 말씀을 하시니라. "그대들 중생들은 마땅히 이 불가사의한 공덕을 칭찬해야 하고, 일체 모든 부처님께서 호념하시는 경을 믿어야 하느니라."

사리불아! (사바세계로부터) 위쪽의 세계에도 범음불·숙왕불·향상불·향광불·대염견불·잡색보화엄신불·사라수왕불·보화덕불·견일체의불·여수미산왕불이 계시니라. 이와 같이 갠지스강의 모래 수만큼의 모든 부처님께서 각기 그 국토에서 광장설상을 나타내어 3천대천세계를 두루 덮고 진실한 말씀을 하시니라. "그대들 중생들은 마땅히 이 불가사의한 공덕을 칭찬하고, 일체 모든 부처님께서 호념하시는 경을 믿어야 하느니라."

9. 경명經名으로 권신勸信

사리불아! 그대의 생각은 어떠한가? 무슨 연유로 일체 모든 부처님께서 호념護念하는 경이라고 하는가?

사리불아! 만약 어떤 선남자·선여인이 이 경을 듣고 받아들여 지니는 자와 모든 부처님의 명호를 들은 자라면, 이 모든 선남자·선여인은 모두 일체 모든 부처님께서 호념을 하시니, 모두가 아뇩다라삼먁삼보리에서 불퇴전(아비발치의 경지)을 얻게 되니라.

사리불아! 그러한 까닭에 그대들은 모두 마땅히 내 말과 모든 부처님께서 설한 것을 믿고 받아들여야 하느니라.

10. 발원發願으로 권신勸信

사리불아! 만약 어떤 사람이 이미 (아미타 불국토에 왕생) 발원을 하였거나 지금 발원을 하거나 미래에 발원하고 아미타 부처님의 국토에 태어나고자 원하는 자라면, 이런 모든 사람들은 모두 아뇩다라삼먁삼보리에서 불퇴전(아비발치의 경지)을 얻어 저 불국토에서 이미 태어났거나 지금 태어나거나 미래에 태어날 것이다.

사리불아! 이러한 까닭에 모든 선남자·선여인으로 만약 믿음이 있는 자라면 마땅히 저 불국토에 태어나기를 발원해야 하느니라.

11. 모든 부처님으로 공덕 찬탄

사리불아! 내가 지금 모든 부처님의 불가사의한 공덕을 칭찬하는 것처럼, 저 모든 부처님들께서도 역시 나의 불가사의한 공덕을 칭찬하시면서 "석가모니 부처님께서는 매우 어렵고 드문 일을 할 수 있어서 사바세계의 오탁악세[47]인 겁탁·견탁·번뇌탁·중생탁·명탁 속에서도 아뇩다라삼먁삼보리[48]를 얻

---

47 오탁악세五濁惡世: 범어 pañca-kaṣāyāḥ의 의역으로, 의미는 감겁(減劫; 인류의 수명이 점차 감소되는 시대)이다. 오탁악세란 말법시대에 나타나는 다섯 가지 오염의 현상을 말한다. 즉 ① 겁탁劫濁: 이 감겁의 시대에는 인간의 수명이 감하여 30세에 이르면 기근의 재난이 일어나고, 수명이 감하여 20세에 이르면 유행성 질병의 재난이 일어나고, 수명이 감하여 10세에 이르면 전쟁의 재난이 일어나 세계의 중생들은 피해를 당하지 않는 자가 없다고 한다. ② 견탁見濁: 정법正法은 이미 소멸하였고 사법邪法으로 바뀌어 삿된 견해가 치성하니, 사람들은 선도善道를 닦을 수 없고 사상적으로 혼란하다. ③ 번뇌탁煩惱濁: 중생들은 탐심·성냄·어리석음이 치성하여 사법邪法을 받아들이고 마음이 혼란스러워 모든 번뇌가 치성하게 일어난 것이다. ④ 중생탁衆生濁: 중생들 선업의 과보가 쇠퇴하니 마음은 우둔하고 신체는 병들고 모든 악업에 가려져 부모에게 불효하고 스승을 공경하지 않고 악업의 과보를 두려워하지도 않고 공덕을 짓지 않고 선업을 닦지 않으니 고통은 말로 할 수 없을 정도인 것이다. ⑤ 명탁命濁: 먼 과거세에 인간의 수명은 8만 세였는데 악업의 증가로 감소해졌고, 지금의 100세에도 못 미치도록 수명이 점점 감소해지는 것이다.

48 아뇩다라삼먁삼보리: 범어 anuttara-samyak-saṃbodhi의 음역으로, 의미는 무상정등각無上正等覺·무상정변지無上正遍知·무상정등정각無上正等正覺이다. 이는 부처님께서 깨달으신 지혜로 평등과 원만圓滿

을 수 있었으니, 모든 중생들을 위해서 이 일체 세간(세상)에서 믿기 어려운 법을 설하시느니라."라고 말씀들 하신다.

12. 권신勸信에 대한 총결總結

사리불아! 마땅히 알라. 내가 오탁악세에서 이 어려운 일을 행하고 아뇩다라삼먁삼보리를 얻어 일체 세간을 위하여 이 믿기 어려운 법을 설하는 것은 매우 어려운 일이니라.

의 뜻을 함유하고 있다. 그 깨달음의 지혜가 가장 높아 무상無上이라고 하고, 그 도가 법계를 두루 포함하지 않음이 없어 정변지正遍知라고 한다.

결론 [流通分]

부처님께서 이 경을 설하시고 나자, 사리불과 모든 비구들과 일체 세상의 천상·인간·아수라들이 부처님께서 설한 것을 듣고 기뻐하면서 믿고 받아들이고 예경을 드리고 돌아갔다.

- 끝 -

IV. 아미타 수행법
극락왕생 수행문

만약 선남자·선여인이 사바세계 생사의 고통을 두려워한다면 서방극락세계의 왕생을 믿고〔信〕·발원〔願〕하고, 『아미타경』독송과 아미타 부처님의 명호를 칭념하는 수행〔行〕을 해야 한다. 이와 같이 매일 독송과 칭념수행을 하면, 임종을 맞았을 때 아미타 부처님과 그 권속 성중聖衆들이신 25분의 불보살님들이 함께 나타나셔서 서방극락세계의 9품品 연화대로 인도하여 태어난다.

극락왕생을 발원한 자는 매일 이『아미타경』을 적어도 3번 이상 독송하고, 나무아미타불을 3,000번 이상 칭념하며, 아울러 왕생주往生呪를 각자의 능력대로 주력해야 한다. 단 독송과 칭념·주력에 있어서 반드시 산란하지 않은 일심으로 해야 한다.

중국의 양梁나라 시대에 도진道珍이라는 스님이 계셨는데, 항상 노산盧山에 머물면서 『관무량수불경觀無量壽佛經』의 염불수관念佛水觀을 수행하고 있었다. 어느 날 홀연히 꿈속에서 강물이 넘치고 중생들이 배를 타고 가기에 "어디로들 가십니

까?"라고 물었더니, 서방극락세계에 간다는 것이었다. 도진 스님은 "나는 일생동안 서방극락세계에 가려고 수행을 하였으니, 나도 함께 타고 갑시다."라고 말하였다. 그러나 배에 타고 있던 사람들 말이 "법사스님께서 비록 경을 설한 공덕이 매우 커도 아미타경과 왕생주往生呪를 염송하지 않았기 때문에 정업(淨業: 청정한 업)이 완성되지 않아 극락왕생을 하실 수 없습니다."라고 대답하였다.

즉 서방극락세계를 가고자 한다면 반드시 『아미타경』의 독송과 아미타 부처님의 명호 칭념과 왕생주 염송을 함께 병행해야 한다. 자신의 시간이 허용되는 대로 많이 하면 할수록 본인의 업장이 속히 소멸되기 때문에 더욱더 이롭다.

한편, 하루의 일과를 정해 놓고 하는 경우 만약 병자나 노약자, 또는 시간관계로 하루의 목표량을 완성하지 못하는 부득이한 경우에는 기본적으로 수행을 하되 요약을 허용하는 방법이 있기도 하다. 단 이 방법을 너무 사용하면 안 된다.

석가모니 부처님께서 세상에 계실 적에 어떤 할아버지와 할머니가 계셨는데, 서방극락세계에 왕생하기를 발원하고 곡물 한 말을 사용하여 아미타불 칭념을 계산하고 있었다. 부처님께서 그것을 보시고는 "나에게 다른 방법이 있소.

염불을 한 번 하여 많은 곡물에 해당하는 만큼의 숫자를 얻게 되는 것이오."라고 하시면서 바로 염불로서 가르치셨으니, "나무 서방극락세계 삼십육만억 일십일만구천오백 동명동호아미타불"이었다.

즉 한 번의 칭념으로 삼십육만억 일십일만구천오백 번을 칭념한 것이 된다. 또한 멥쌀[利穀]을 사용하여 칭념을 계산하니 그 한 홉이 천팔백 알이었는데, 이 숫자를 2,000석石의 수數라고 하였다. 부처님께서 두 노인에게 이를 가르치셨으니, 이것 역시도 그 공덕이 대단하다. 또한 만약 어리석은 사람이라서 염念을 할 수 없다면 이렇게 간단한 염念이라 해도 그 공덕이 있다. 그러나 완전하게 다 염을 해야만 큰 복福의 과보를 얻는 것이다.[49]

또한 "지극한 마음으로 한 번 아미타불을 칭념하면 80겁의 생사의 죄를 소멸한다."라고 하였다. 『대집경』에 의하면 "말법시대에 억×억의 사람들이 수행을 하지만 한 명이 도를 얻는 것도 드물다. 오직 염불만을 의지해야 생사를 제도한다."라고 하였다. 그러나 일심불란一心不亂의 마음으로 전념하여 칭념을 해야 하는 것은 쉬운 일이 아니다. 또한 믿음과

---

[49] 이상의 두 예문은 역자가 대만에서 유학할 당시에 대만 절에서 얻은 『일일독송집』에 수록되어 있는 내용을 인용한 것이다.

발원과 수행의 세 가지가 삼위일체가 되어야만 생사의 죄를 소멸하고 왕생을 할 수 있는 것이다. 중국 정토종의 제2조祖인 도작道綽(562~645)은 『관무량수경』을 해설한 『안락집安樂集』에서, "말법시대의 수행방법으로는 염불을 많이 해야 한다."고 주장하였다. 그는 참회를 하고 복을 닦고 죄를 소멸하는 방법으로 아미타불 칭념염불만한 것이 없다고 역설하면서, 매일 아미타불을 7만 번씩 칭념하였다고 한다.

이제 극락왕생을 발원한 자를 위한 매일 독송일과讀誦日課의 차제(순서)를 살펴보겠다.

1. 매일 불설아미타경 독송법

헌향진언獻香眞言
  옴 바아라 도비야 훔 (3번)

정구업진언淨口業眞言
  옴 수리수리 마하수리 수수리 사바하 (3번)

정신업진언淨身業眞言
  옴 수다리 수다리 수마리 수마리 사바하 (3번)

정의업진언淨意業眞言
  옴 바즈라 다흐가 혹 (3번)

오방내외안위제신진언五方內外安慰諸神眞言
  나무 사만바 못다남 옴 도로도로 지미 사바하 (3번)

보공양진언普供養眞言
  옴 아아나 삼바바 바즈라혹 (3번)

개경게開經偈(경을 여는 게송)
  백천만 겁이 지나도 만나기 어려운
  최상의 깊고 묘한 법을
  지금 제가 듣고 받아 지녔사옵니다.
  원하오니!
  여래의 진실한 뜻을 깨닫게 하소서!
  (無上甚深微妙法 百千萬劫難遭遇
  (我今聞見得受持 願解如來眞實義)

개법장진언開法藏眞言(법의 보고寶庫를 여는 진언)
  옴 아라남 아라다 (3번)

  나무연지해회불보살南無蓮池海會佛菩薩 (3번)

불설아미타경 독송 (3번)

나무 아미타불 칭념 (3,000번)

발일체업장근본득생정토다라니拔一切業障根本得生淨土陀羅尼

(일명 왕생주往生呪; 일체 모든 근본 업장을 소멸하고 극락왕생을 하게 하는 진언)

① **한글진언**

나무 아미다바야 다타가다야 다지야타 아미리 도바비 아미리다 싣담바비 아미리다 비가란제 아미리다 비가란다 가미니 가가나 기다가례 사바하 (108번)

② **범어진언**

Namo-amitābhāya(무량광(아미타부처님)께 귀의합니다) tathāgatāya(여래의) tad yathā-amṛtodbhave(즉 불사不死(감로)의 발생이여!) amṛta-siddhaṃ-bhave(불사·성취·존재여!) amṛta-vikrānte(불사·적정이여!) amṛta-vikrānta(불사의 경지로부터) gāmine gagana(어느 곳이든 적정의 행복이 생겨나니) kīrta-kare(citta-jvale; 마음의 광염(光焰; 지혜광명을 의미)이여!) svāhā(성취하사이다).

(나모-아미타바야 다타가다야 다디야타-아므로토바비
아므르타-싣담-바비 아므르타-빅크란티 아므르타-빅크
란타 가미니 가가나 킬타-카레 스바하.)

찬불게讚佛偈

아미타 부처님의 몸은 금색이시며, 상호의 광명은
동등하게 비교할 게 없고, 백호(백호의 광명)는 다섯
수미(須彌, sumeru)를 돌며, 검은 빛을 띤 푸른 눈은
네 가지 큰 바다를 맑고 깨끗하게 하네. 광명 속에
화불化佛이 수억이고 화신보살님들도 역시 무변하며,
마흔여덟 가지 발원으로 중생을 제도하시어 9품으로
모두 저 피안에 오르네.

(阿彌陀佛身金色 相好光明無等倫.
白毫婉轉五須彌 紺目澄淸四大海.
光中化佛無數億 化菩薩衆亦無邊.
四十八願度衆生 九品咸令登彼岸.)

대자보살발원문大慈菩薩發願文

시방삼세 부처님 중에 아미타부처님이 제일이십니

다. 9품九品 연화대로 중생을 제도하시니, 위엄과 덕망〔威德〕이 무궁하사이다.

저는 지금 대귀의를 하옵고 3업(몸·입·마음)의 죄를 참회하오며, 갖고 있는 모든 복과 선善을 지극한 마음으로 회향하옵나이다. 원하오니, 염불하는 사람들에게 똑같이 감응하시고 언제든 현현하시어, 임종 때에는 서방극락의 경지가 눈앞에서 분명하게 하사이다. 듣고 보고 배운 불법 지식〔見聞〕으로 모두 정진하여 똑같이 극락국토에 태어나 부처님을 친견하고 생사를 깨닫고 부처님처럼 일체를 제도하겠나이다. 번뇌가 무변하다 해도 끊을 것이고, 법문이 무량하여도 닦을 것이며, 중생제도를 서원하오며, 사홍서원〔總願〕으로 불도佛道를 성취하겠나이다. 허공은 다함이 있어도 저의 원은 무궁하여 유정과 무정이 똑같이 일체종지〔圓種智〕이게 하겠나이다.

시방삼세 일체 불·일체 보살마하살, 마하반야바라밀!

(十方三世佛 阿彌陀第一. 九品度衆生 威德無窮極.
 我今大歸依 懺悔三業罪. 凡有諸福善 至心用回向.
 願同念佛人 感應隨時現. 臨終西方境 分明在目前.

見聞皆精進 同生極樂國. 見佛了生死 如佛度衆生.

無邊煩惱斷 無量法門修. 誓願度衆生 總願成佛道.

虛空有盡 我願無窮. 情與無情 同圓種智.

十方三世一切佛 一切菩薩摩訶薩. 摩訶般若波羅蜜)

회향게廻向偈

9품연화대를 부모님으로

서방정토에 태어나기를 원하오며

연꽃이 활짝 피어서

부처님을 친견하고 무생법인을 깨닫고

아비발치(불퇴전)보살을 도반으로 하겠나이다.

(願生西方淨土中 九品蓮花爲父母.

華開見佛悟無生 不退菩薩爲伴侶.)

이 공덕이 일체에게 미치어 저희들과 중생들이

극락국토에 태어나 함께 무량수 부처님을 친견하고

모두 함께 불도 성취하기를 원하나이다.

(願以此功德 普及於一切 我等與衆生

 當生極樂國 同見無量壽 皆共成佛道.)

2. 아미타불 십념十念 염불법

이 십념염불은 아침·저녁으로 시간을 정해서 수행일과의 한 부분으로 하되, 만약 시간이 없다면 아침 또는 저녁만 해도 무방하다. 또한 임종을 할 때도 지극한 일심의 마음으로 십념염불을 한다.

우선 매일 아침에 서쪽을 향해 합장을 하거나 또는 불상이 있다면 그곳을 향해 합장을 하고 "나무아미타불"을 연속적으로 열 번 칭념을 한다. 한 번 들숨 날숨의 호흡(一息)을 하고 난 다음 숨이 다 소진된 것을 일념一念이라 하는데, 이때 "나무아미타불"을 한 번 소리 내어 칭념한다. 이와 같이 연속적으로 하여 십념十念에 이르면 이를 십념염불十念念佛이라고 한다. 이 십념염불을 일명 수식염불隨息念佛이라고도 한다. 염불에 앞서 먼저 들숨 날숨의 호흡을 따라 마음의 잡념을 없애고 난 다음 "나무아미타불"을 칭념하기 때문이다. 일식一息의 호흡을 하고 나서 칭념을 할 때 호흡의 숨이 길고 짧음에는 상관하지 않지만, 소리는 크지도 작지도 않고 느리지도 빠르지도 않도록 조절하여 연속적으로 10념에 이르도록 하면 마음이 산란하지 않고 일심으로 칭념염불을 할 수 있다.
이와 같이 십념염불을 하고 난 후에는 다음과 같이 한다.

나무 서방극락세계 대자대비 아미타불南無 西方極樂世界 大慈大悲 阿彌陀佛 (3번)
나무 관세음보살南無 觀世音菩薩 (3번)
나무 대세지보살南無 大勢至菩薩 (3번)
나무 청정대해중보살南無 淸淨大海衆菩薩 (3번)

찬불게讚佛偈

아미타 부처님의 몸은 금색이시며, 상호의 광명은 동등하게 비교할 게 없고, 백호)는 다섯 수미를 돌며, 검은 빛을 띤 푸른 눈은 네 가지 큰 바다를 맑고 깨끗하게 하네. 광명 속에 화불化佛이 수억이고 화신 보살님들도 역시 무변하며, 마흔여덟 가지 발원으로 중생을 제도하시어 9품으로 모두 저 피안에 오르네.

대자보살발원문 大慈菩薩發願文

시방삼세 부처님 중에 아미타부처님이 제일이십니다. 9품 연화대로 중생을 제도하시니, 위엄과 덕망이 무궁하사이다.

저는 지금 대귀의를 하옵고 3업(몸·입·마음)의 죄를 참회하오며, 갖고 있는 모든 복과 선善을 지극한 마음으로 회향하옵나이다. 원하오니, 염불하는 사람들에게 똑같이 감응하시고 언제든 현현하시어, 임종 때에는 서방극락의 경지가 눈앞에서 분명하게 하사이다. 듣고 보고 배운 불법 지식으로 모두 정진하여 똑같이 극락국토에 태어나 부처님을 친견하고 생사를 깨닫고 부처님처럼 일체를 제도하겠나이다. 번뇌가 무변하다 해도 끊을 것이고, 법문이 무량하여도 닦을 것이며, 중생제도를 서원하오며, 사홍서원으로 불도를 성취하겠나이다. 허공은 다함이 있어도 저의 원은 무궁하여 유정과 무정이 똑같이 일체종지이게 하겠나이다.

시방삼세 일체 불·일체 보살마하살, 마하반야바라밀!

회향게廻向偈

  9품연화대를 부모님으로
  서방정토에 태어나기를 원하오며
  연꽃이 활짝 피어서
  부처님을 친견하고 무생법인을 깨닫고
  아비발치(불퇴전)보살을 도반으로 하겠나이다.

  이 공덕이 일체에게 미치어 저희들과 중생들이
  극락국토에 태어나 함께 무량수 부처님을 친견하고
  모두 함께 불도 성취하기를 원하나이다.

편역 ● 釋法性

서울 출생. 대만 보인대학교(Fu Jen Catholic University) 철학과 졸업, 문학사(B. A.)학위 획득. 同校 철학연구소 석사과정 졸업, 문학석사(M.A.)학위 획득. 同校 철학연구소 박사과정 졸업, 철학박사(Ph.D.)학위 획득. 대한불교조계종 포교원 포교연구실 사무국장 역임.

저서 및 역서로『다음 생을 바꾸는 49일간의 기도』,『불자가 꼭 읽어야 할 기본경전』,『마음을 관해야 진정한 깨달음에 들 수 있다(觀心論)』,『어떻게 성불할 것인가(顯密圓通成佛心要集)』(共譯),『사망학』,『선 수행자가 꼭 읽어야 할 대승선경』,『선비요법경』등이 있다.

아미타경과 아미타 수행법

초판 1쇄 인쇄 2012년 9월 3일 | 초판 1쇄 발행 2012년 9월 10일
편역 석법성 | 펴낸이 김시열
펴낸곳 도서출판 운주사

   (136-034) 서울 성북구 동소문동 4가 270번지 성심빌딩 3층
   전화 (02) 926-8361 | 팩스 0505-115-8361
ISBN 978-89-5746-323-9 03220 값 5,000원
http://cafe.daum.net/unjubooks〈다음카페: 도서출판 운주사〉

아미타팔대보살도

극락세계장엄도